AF240205

RÉPUBLIQUE FRANÇAISE

LIBERTÉ — ÉGALITÉ — FRATERNITÉ

PRÉFECTURE DE LA SEINE

NOTE

POUR LA COMMISSION DE SURVEILLANCE

DE LA

BIBLIOTHÈQUE PROFESSIONNELLE

D'ART ET D'INDUSTRIE

FORNEY

PARIS

IMPRIMERIE DE LA COOPÉRATION TYPOGRAPHIQUE (ASSOCIATION OUVRIÈRE)

Charles Dumont, directeur, 23, rue Saint-Lazare.

1884

NOTE

POUR LA COMMISSION DE SURVEILLANCE

DE LA

BIBLIOTHÈQUE PROFESSIONNELLE

D'ART ET D'INDUSTRIE

FORNEY

La Bibliothèque Forney (Bibliothèque professionnelle d'Art et d'Industrie) est constituée au moyen d'une somme de 200,000 francs, léguée par M. Aimé Samuel Forney, et que la Ville de Paris a été autorisée à accepter par décret du 27 février 1882.

Les termes du testament laissaient une certaine latitude pour l'emploi de ce legs, destiné par le testateur à une œuvre d'éducation populaire gratuite et laïque, mais que la Ville restait libre de consacrer, en totalité ou en partie, soit à la fondation de bibliothèques populaires, soit à la création d'écoles primaires ou professionnelles.

L'Administration rechercha quel était l'emploi le plus utile à donner aux ressources mises si généreusement à sa disposition par M. Forney. Il lui sembla que la création et l'entretien d'écoles primaires étant déjà assurés par les ressources ordinaires du budget municipal, il était sans grand intérêt d'ajouter à un crédit qui dépasse 23 millions une somme relativement peu importante, qui serait comme perdue dans l'ensemble, et a laquelle on ne pourrait donner une affectation spéciale, puisque l'établissement d'une école entraîne une dépense bien supérieure à 200,000 francs. La fondation d'une école professionnelle aurait également exigé une somme plus élevée. On fut ainsi amené à reconnaître que, parmi les services désignés par M. Forney, celui des Bibliothèques populaires était le moins bien doté au Budget et pouvait le plus utilement bénéficier de sa libéralité.

Dans cet ordre d'idées, au lieu d'éparpiller la somme léguée entre un certain nombre de petites Bibliothèques municipales, il parut plus convenable d'attacher le souvenir du testateur à une fondation particulière, dont l'entretien serait assuré, à perpétuité, par la capitalisation d'une partie des arrérages du legs. Le service des Bibliothèques, d'accord avec M. François, exécuteur testamentaire de M. Forney, et avec la Direction de l'Enseignement, proposa à la commission centrale des Bibliothèques populaires d'employer le legs Forney à créer, sur un type absolument nouveau, une Bibliothèque professionnelle d'art et d'industrie que les ouvriers parisiens pourraient venir consulter pour se perfectionner dans leur profession.

Actuellement, quand un artiste ou un ouvrier a besoin d'étudier un modèle de décoration ou d'ameublement, par exemple, il est obligé de se rendre à la Bibliothèque nationale, qui [se trouve éloignée des centres industriels, qui n'est ouverte que dans la journée, à certaines heures, et où les décalques ne sont pas autorisés, non plus que dans les autres bibliothèques ou dans les musées. On pensa donc qu'il y avait lieu de saisir cette occasion de créer un établissement où les travailleurs pussent être admis, à toute heure, et surtout dans la soirée, à consulter, à étudier ou à copier librement les ouvrages et les estampes ayant trait à leur profession.

La Commission émit l'avis qu'une Bibliothèque spéciale, consacrée aux principales industries parisiennes, qui touchent à l'art par tant de côtés, serait une innovation des plus utiles, en ce moment surtout où la concurrence étrangère devient plus menaçante.

Le Conseil municipal, saisi de l'affaire, vota, dans sa séance du 28 novembre 1883, conformément aux conclusions d'un rapport présenté par M. Levraud, au nom de la 4ᵉ commission (1), la fondation d'une « Bibliothèque » populaire industrielle consacrée à recevoir des ouvrages relatifs aux arts » industriels pour l'instruction technique des ouvriers parisiens. »

Aux termes de cette délibération, approuvée par arrêté préfectoral du 31 décembre 1883, l'établissement à créer portera le nom de Bibliothèque Forney; il sera installé dans un local dépendant de l'école communale de la rue Titon (XIᵉ arrondissement), au centre de l'activité industrielle de Paris, à proximité des 3ᵉ, 4ᵉ et 11ᵉ arrondissements.

---

(1) Rapport imprimé, annexé au procès-verbal de la séance du 19 novembre 1883

La rue Titon, qui relie le boulevard Voltaire à la rue du faubourg Saint-Antoine, est entourée d'usines et d'ateliers où l'on travaille le fer, le bois, le cuivre, le bronze ; où l'on fait des papiers peints, des faïences, l'article de Paris, des meubles en tout genre, etc. La Bibliothèque Forney y sera donc parfaitement placée, et la municipalité du XI⁰ arrondissement pense qu'elle y sera très appréciée.

La Bibliothèque Forney sera administrée directement par le bureau des Bibliothèques municipales. Une Commission consultative spéciale sera chargée de déterminer les achats de livres et de régler, d'accord avec l'Administration, toutes les questions relatives à son fonctionnement et à son entretien.

EMPLOI DU LEGS

Sur le montant du legs, 180,000 fr. ont été, conformément à la délibération précitée, placés en rentes françaises 3 0/0 ; il a été acquis un titre de rente de 7,105 fr., représentant les ressources annuelles de la Bibliothèque pour son entretien, et l'excédant, soit. . . . . 20,000 »
joint aux intérêts produits à la date de la délibération, soit 14,165 20

ensemble une somme de 34,165 20
doit être immédiatement employé en achat et reliure de livres, travaux d'installation, acquisition de matériel et de mobilier et autres frais nécessaires à l'ouverture de la Bibliothèque.

Le personnel serait ainsi composé :

Un bibliothécaire, recevant une indemnité de. . . . . . 2,000 »
Un appariteur, recevant une indemnité de. . . . . . . 600 »

       Ensemble. . . . . 2,600 »

On dispose aujourd'hui, comme on l'a vu plus haut, d'une somme de 34,165 fr. 20 au moyen de laquelle il devra être pourvu aux dépenses suivantes de premier établissement :

INSTALLATION DE LA BIBLIOTHÈQUE ET ACHAT DU MATÉRIEL

Cette installation exigera peu de frais. Abandonnée à ses seules ressources, obligée d'acheter un terrain et d'y construire un bâtiment, la Bibliothèque Forney aurait vu tout son capital absorbé avant qu'on eût pu songer à acheter un seul volume. Mais le local, libéralement offert par la Ville, est déjà presque aménagé. C'est une salle indépendante des autres parties de l'école et qui était primitivement destinée à recevoir une bibliothèque municipale de quartier. Elle mesure 12 mètres de long sur 10 mètres de large ; une galerie circule à mi-hauteur et les murs sont garnis de casiers en chêne pouvant contenir 12,000 volumes environ. Enfin, elle est pourvue d'un grand poêle en faïence et les conduites de gaz sont prêtes à recevoir les branchements et les becs, en tel nombre et suivant telles dispositions qu'il sera reconnu nécessaire. Mais avant de régler ce dernier point, il est indispensable de statuer sur la question du matériel. La Bibliothèque dont il s'agit demande un mobilier spécial, des tables assez vastes pour que les volumes de grand format, les estampes et les plans puissent y être ouverts, développés et consultés commodément ; il faudra que chaque lecteur dispose d'une place plus large que dans les autres bibliothèques. De plus, si le dessin et le calque sont autorisés, un modèle spécial de tables ou de pupitres devra être adopté à cet effet. Dans ce cas, également, des casiers ou des cartonniers, indépendants des rayons destinés au classement des livres de lecture, seront nécessaires pour la conservation des planches qui pourront être calquées.

Le choix une fois fixé pour ces différentes parties du mobilier, il y aura lieu d'en régler la mise en place suivant leur dimension et suivant le nombre et la direction des fenêtres, la question de l'éclairage présentant une importance particulière pour une salle destinée surtout à l'étude et à la copie de dessins, de plans et d'épures. — Pour cette même raison, le nombre et la disposition des becs de gaz, le choix des réflecteurs et des abat-jour devront être déterminés avec soin et sur place. — Lorsque ces menus détails d'arrangement auront été réglés, il pourra être procédé à l'acquisition du mobilier et à l'aménagement définitif de la salle.

CHAUFFAGE ET ÉCLAIRAGE

D'après les données fournies par les autres Bibliothèques municipales et en tenant compte de la capacité de la salle de la Bibliothèque Forney, la dépense annuelle du chauffage peut être évaluée à 400 francs. — En ce qui concerne l'éclairage, il est admis que pour les Bibliothèques installées dans des établissements municipaux, la consommation du gaz brûlé dans les dits établissements reste tout entière à leur charge.

PERSONNEL

HEURES D'OUVERTURE DE LA BIBLIOTHÈQUE

En raison de l'inauguration tardive de la Bibliothèque, les frais de personnel se trouveront, pour l'exercice courant, sensiblement inférieurs au chiffre de 2,600 francs fixé par le Conseil Municipal.

Mais ici une importante question se présente. Les bibliothèques municipales ne sont en général ouvertes que le soir et pendant quelques heures de la journée du dimanche; néanmoins, en prévision d'absences forcées du Bibliothécaire, celui-ci est partout assisté d'un sous-Bibliothécaire. Ces deux agents sont, dans les bibliothèques de mairies, deux employés des bureaux de la Mairie, dans les bibliothèques d'écoles, deux instituteurs. Le travail se trouvant de la sorte partagé, les uns et les autres se contentent volontiers d'une indemnité qui vient, pour un léger surcroît d'occupation, augmenter leur traitement et dont le maximum n'excède pas 1,000 francs.

Pour la Bibliothèque Forney, il n'en peut être de même. Une bibliothèque destinée aux ouvriers devra logiquement être ouverte non seulement tous les jours de la semaine, mais encore tous les soirs et tous les dimanches, aux heures et aux jours de chômage des ateliers.

Restreindre l'ouverture de la Bibliothèque aux soirées et aux dimanches serait une mesure qui ne manquerait pas de susciter des réclamations légitimes; la Bibliothèque professionnelle n'attirera pas exclusivement les ouvriers de fabrique, mais encore les chefs d'industrie, les patrons, les ouvriers en chambre, dont le temps n'est pas mesuré par la discipline de l'atelier; et d'autre part si la fondation Forney donne tous les résultats qu'il est permis d'en espérer, on doit prévoir que la Bibliothèque sera surtout fréquentée le soir et le dimanche. Le projet de règlement ci-joint porte donc que la Bibliothèque Forney sera ouverte tous les jours, de neuf heures du matin à cinq heures de l'après-midi, et de sept heures à dix heures du soir; le dimanche, de midi à cinq heures. De là pour le bibliothécaire, s'il est seul, un assujettissement excessif et des obligations étroites et pénibles qui semblent insuffisamment compensées par un traitement annuel de 2,000 francs. L'intérêt public, d'ailleurs, exige que les cas d'absence forcée, de maladie, de décès ou de démission, soient prévus; il ne faut pas que, parce que le bibliothécaire manquera à son poste, les portes restent fermées, ou que les lecteurs ne trouvent, pour leur répondre, que l'appariteur. Ainsi, le bibliothécaire devra être un agent spécial, appartenant tout entier à ses fonctions ; et, pour parer à toute éventualité, il paraît indispensable de placer auprès de lui un sous-bibliothécaire chargé de partager avec lui les heures de présence et de le suppléer au besoin.

La Commission aura à examiner à quel chiffre pourra être fixé le traitement de chacun de ces agents, et sur le vœu qu'elle aura émis à ce sujet, l'Administration se mettra en devoir de provoquer une nouvelle délibération du Conseil municipal.

Il est bon d'ajouter que les fonctions de bibliothécaire seront assez délicates à remplir ; elles demanderont un homme exact, actif, patient, qui ne soit point disposé à considérer son emploi comme une sinécure, ou à n'y chercher que des commodités pour s'adonner à quelque travail personnel, et à qui des connaissances spéciales, sinon très profondes, du moins assez étendues, permettront, en premier lieu, de dresser rapidement, des ouvrages confiés à sa garde, un catalogue méthodique, clair et facile à consulter ; en second lieu, de renseigner utilement et de guider dans leurs recherches des lecteurs parfois ignorants, presque toujours inexpérimentés et peu habitués aux livres. La Commission aura à faire son choix parmi les demandes que l'Administration a reçues et classées.

INAUGURATION DE LA BIBLIOTHÈQUE

Il sera utile, pour faire connaître la Bibliothèque, de donner à son inauguration quelque solennité et de se conformer en cela à l'usage suivi lors de l'ouverture de chaque bibliothèque municipale populaire.

Le programme de la cérémonie sera dressé par l'Administration et soumis à la commission.

ACQUISITION DU PREMIER FONDS D'OUVRAGES

En vue de faciliter les choix de la Commission, le service administratif des Bibliothèques a pris soin de réunir les catalogues des librairies spéciales aux ouvrages d'art et d'industrie, et d'en extraire les titres de tous les livres et de tous les recueils d'estampes qui semblent pouvoir prendre place utilement dans la Bibliothèque Forney. On en a dressé un tableau divisé par genres d'ouvrages et par spécialités de métiers et d'industreis, avec les noms des libraires et les prix en regard des titres. En même temps, des personnes compétentes, des ingénieurs, des chefs d'industries, voulaient bien fournir des listes qui sont venues compléter cette nomenclature.

Dans cette recherche, le service s'est appliqué à ne pas perdre de vue que la Bibliothèque Forney n'est pas une bibliothèque d'arrondissement ; que, par conséquent, on doit y trouver rassemblés tous les éléments d'étude qui peuvent être utiles à l'industrie parisienne en général. Une publicité aussi large que possible ayant été donnée à cette création par des notes insérées dans différents journaux de Paris, il est, en effet, permis d'espérer que la Bibliothèque de la rue Titon n'attirera pas seulement les ouvriers occupés dans son voisinage par les quelques industries spéciales au quartier dans lequel elle doit être établie. La Commission trouvera donc, représentées dans la nomenclature qui est mise sous ses yeux, toutes les industries du bâtiment (maçonnerie, charpenterie, serrurerie, couverture, peinture, etc.), la construction des machines et celle des instruments de précision, la menuiserie, l'ébénisterie, l'industrie du meuble, celle du bronze, la tapisserie, la céramique, la marbrerie, l'horlogerie, la bijouterie, la photographie, la gravure, la reliure, etc.

On pourra se dispenser d'acquérir certains ouvrages généraux qui doivent former nécessairement le premier fonds de toute bibliothèque ; les personnes qui demanderaient à consulter quelqu'un de ces ouvrages seraient renvoyées à la bibliothèque de quartier installée dans la même école et dont le Directeur de l'école est Bibliothécaire.

Il reste à la Commission à décider les achats en se renfermant dans les limites du crédit dont elle dispose. A ce sujet, il y a lieu de remarquer que des rabais importants sont déjà consentis par les libraires qui ont fourni leurs catalogues, en prévision des commandes qui pourront leur être faites ; mais on doit estimer que ces rabais seront absorbés par la reliure qui, pour des volumes en général d'un grand format, accompagnés de planches et destinés à subir quelque fatigue, atteindra toujours, malgré sa simplicité, un prix assez élevé.

La Commission trouvera, sans doute, avantageux de se diviser en sous-commissions qui se répartiraient le travail, et dont chacune s'occuperait plus particulièrement du choix des ouvrages spéciaux à un certain nombre de métiers ou d'industries.

RÈGLEMENT

Un projet de règlement, concernant les conditions de la lecture sur place et du prêt à domicile des ouvrages, a été préparé par le service des Bibliothèques pour être soumis à l'examen de la Commission. C'est une reproduction du règlement en vigueur dans les Bibliothèques populaires d'arrondissement, approprié, au moyen de quelques modifications de détail, aux besoins particuliers d'une Bibliothèque d'un genre spécial, comme celle dont il s'agit. Mais il est un point sur lequel l'attention de la Commission est particulièrement appelée.

CALQUE ET PRÊT A DOMICILE

La quatrième commission du Conseil Municipal, chargée d'étudier le projet de création de la Bibliothèque Forney, avait très justement pensé que la plupart des ouvrages susceptibles d'être placés dans cette Bibliothèque atteignant un prix fort élevé, il ne serait pas prudent d'y pratiquer le *prêt à domicile*, et qu'ainsi elle devrait être exclusivement réservée à la *lecture sur place*. Cependant le prêt à domicile est partout tellement goûté du public et donne de si excellents résultats, qu'il paraîtrait fâcheux de le proscrire, d'une manière absolue, d'une Bibliothèque où précisément il présenterait des avantages particuliers.

La lecture sur place, mesurée par l'heure dans un lieu public, ne permet guère qu'une étude incomplète, surtout pour le public spécial que recevra la Bibliothèque Forney; il serait sans doute beaucoup plus profitable pour un ouvrier d'emporter chez lui, loin d'une salle ouverte à tout venant, un dessin qu'il pourrait, à loisir et en toute tranquillité d'esprit, s'appliquer soit à copier ou à calquer, soit à reproduire matériellement, les outils à la main. Il semble que les nécessités d'économie et l'intérêt du public pourraient être aisément conciliés au moyen de la constitution d'un fonds spécial d'estampes et de photographies destinées au prêt à domicile; les livres et les recueils ne sortiraient jamais de la Bibliothèque, mais des feuilles détachées, collées sur carton ou sur toile pour plus de solidité, pourraient être emportées à domicile; le nombre infime des dégâts et des pertes constatés chaque année dans les Bibliothèques populaires prouve quel soin leurs habitués savent prendre des livres prêtés; le premier fonds constitué, — et il pourrait l'être assez économiquement au moyen d'achats d'occasion ou par l'acquisition, chez les éditeurs, de planches mises au rebut comme ne pouvant figurer dans les ouvrages de prix, mais très propres encore à l'usage auquel on les destinerait, — il ne s'agirait donc plus, chaque année, que d'une dépense d'entretien presque insignifiante pour le renouvellement des feuilles mises hors de service par un trop long usage.

Dans tous les cas, il paraît indispensable qu'un certain nombre de dessins ou de plans, indépendants des ouvrages destinés à la seule lecture, puisse, au moins, être mises à la disposition des personnes qui désireront en prendre des calques sur place.

CONFÉRENCES

Enfin, le rapporteur de la 4° Commission proposait que, pour compléter la pensée de M. Forney qui désirait que son legs fût employé à l'enseignement professionnel, on organisât, au siège de la Bibliothèque, une série de conférences techniques sur les industries les plus répandues dans le onzième et le douzième arrondissements. Il est certain que l'enseignement du livre serait ainsi très utilement secondé par l'enseignement de la parole ; sans doute, les conférenciers ne manqueraient pas ; des ingénieurs, des chefs d'industrie saisiraient avec empressement l'occasion de contribuer à l'instruction des ouvriers parmi lesquels il leur est souvent difficile de recruter les auxiliaires sérieux et capables dont le concours leur est nécessaire pour le succès de leur fabrication. Et ces conférences auraient, en même temps, l'avantage d'attirer le public à la Bibliothèque Forney et de lui apprendre à la fréquenter.

En résumé, la Commission est invitée à donner son avis sur les points suivants :

1° Installation des appareils d'éclairage et du mobilier spécial de la Bibliothèque ;

2° Choix des ouvrages qui devront constituer le premier fonds de la Bibliothèque ;

3° Création d'un emploi de sous-bibliothécaire ;

4° Règlement ;

5° Application du système de calque et de prêt à domicile ;

6° Organisation de Conférences.

Le Chef du Cabinet,

P. FEILLET.

Vu et approuvé :

Le Préfet de la Seine,

E. POUBELLE.

ANNEXE

ANNEXE

BIBLIOTHÈQUE FORNEY

PROJET DE RÈGLEMENT

Art. 1ᵉʳ. — La Bibliothèque professionnelle d'art et d'industrie, fondée au moyen d'un legs fait à la Ville de Paris par M. Aimé-Samuel Forney, est spécialement destinée à recevoir des ouvrages concernant l'art industriel et l'industrie, pour l'instruction technique des ouvriers parisiens.

Art. 2. — Pour être admis à recevoir les livres en prêt, il suffit d'être âgé de 16 ans au moins.

Art. 3. — La Bibliothèque est ouverte tous les jours de **9** heures du matin à **5** heures de l'après-midi, et de **7** à **10** heures du soir; le dimanche, de **12** à **5** heures.

Elle est fermée exceptionnellement le 1ᵉʳ Janvier, le Dimanche et le Lundi de Pâques, le Dimanche et le Lundi de la Pentecôte, le 14 Juillet et les quatre jours de fêtes reconnus par le Concordat (l'Ascension, l'Assomption, Noël et la Toussaint).

Art. 4. — La Bibliothèque Forney comporte :
La lecture sur place;
Le dessin et le calque sur place;
Et le prêt à domicile.

Art. 5. — Il peut être pris des copies de toutes les estampes, photographies, épures, plans, dessins, etc., mis à la disposition des lecteurs sur place; mais des planches spéciales sont réservées au calque; en conséquence, toute personne qui désire dessiner doit en faire la déclaration au Bibliothécaire, en ayant soin d'expliquer si elle entend copier ou calquer.

Art. 6. — De même un fonds particulier de livres et d'estampes est réservé au prêt à domicile.

Il n'est prêté qu'un volume à la fois, sauf pour les ouvrages comportant un volume de texte et un volume de figures et qui sont prêtés complets.

Pour les estampes détachées qui ne peuvent être empruntées que pour la copie ou le calque, il n'est également prêté qu'une feuille à la fois.

Art. 7. — La durée du prêt à domicile, pour les volumes comme pour les estampes, ne peut excéder quinze jours. Au-delà de ce terme, la restitution sera d'abord réclamée par lettre, puis poursuivie par les voies de droit, aux frais du retardataire.

Art. 8. — Toute personne demandant le prêt à domicile sera munie d'un livret nominatif fourni gratuitement par l'administration et sur lequel seront inscrits, par le Bibliothécaire :

1° Le numéro du volume ou de l'estampe prêtée ;

2° L'indication de l'état du volume ou de l'estampe ;

3° La date du prêt ;

4° La date de la rentrée.

Art. 9. — Les personnes qui auront détérioré ou perdu des livres ou des estampes seront tenues à la réparation pécuniaire du dommage causé.

Art. 10. — En cas de changement de domicile, le lecteur devra toujours faire connaître sa nouvelle adresse.

Art. 11. — Un registre spécial est tenu à la disposition du public pour y consigner ses demandes d'acquisition d'ouvrages et toutes ses observations concernant les dispositions ou l'application du présent règlement.

Art. 12. — Tout lecteur inscrit sera considéré comme ayant adhéré au présent règlement.

TABLE

Paris. Coopération typographique (ass. ouv.), Ch. Dumont, directeur, 28, rue Saint-Lazare.

PARIS

Coopération Typographique, Assoc. ouvrière·
Ch. Dumont. dir. 28, rue St-Lazare.

1884